فوران معنا در گنگی کلمات

نوشته
غلامرضا رشیدی

ویرایش
فاطمه اروجلو

اولین انتشار

سال ۲۰۲۰ آلمان-برلین

HERSTELLUNG UND VERLAG: BOD – BOOKS ON DEMAND, NORDERSTEDT

ISBN: 9783752647068
CONTACT: AFTABWEB@YAHOO.COM

ITS ISBN IS 9783752647068

9 783752 647068

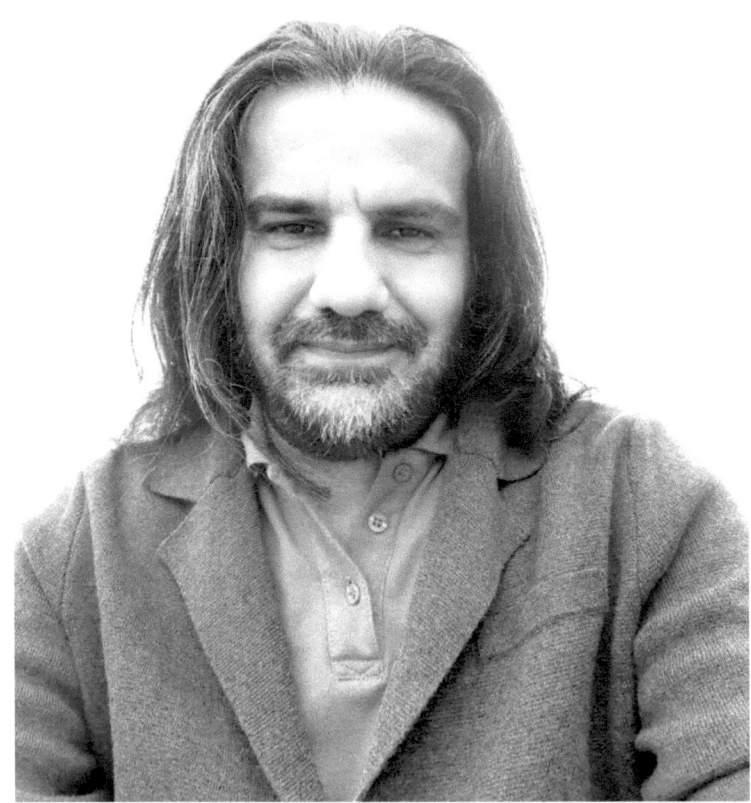

۴

سخنی با خواننده گرامی

ای آن‌که می‌خوانی این کلمات را!

این‌جا جواهر ریخته‌ام بر خاک کلمات.

آنان که بر معنا کورسویی دیده‌اند، نعره می‌زنند چون می‌گذرند بر این کلمات!

روزگاری پیش‌تر در جدال بودم بر باور کلمات که چگونه بار هستی بر این چهارپای چلاق می‌رود؟

روزگاری دگر کلمات به رقص آمدند، چو غزالانی تیزتک که هر لحظه دگرگون می‌نمودند در جست و خیز.

به تیر حال صید این قال و مقال کرده‌ام. چنان‌که می‌نمایند، نیستند؛ که خاک و جواهر در هم آمیخته و تنها او که بوی نافه می‌شناسد، شاید که خال غزال در نقش خیال باز بیند.

بگذار مخفی نماند که چندی‌ست که چهارپای چلاق در راهی مانده و سر به سویی دگر کرده...

۵

و من، در معنا گویی بر سمندی می‌رانم که در جابه‌جایی‌اش کلمه فرصت تجلی نمی‌یابد.

این سمند تیزپا بار برنمی‌دارد. دست که دراز می‌کنم به چیدن، یکی از صد هزار در دست می‌ماند و الباقی گویی که هزار سال جا مانده‌اند و کلام منعقد نمی‌شود.

هدیه آورم؛ شطح می‌شود در معنا.

شاید که زمان زیبنده‌ی گفتار نیست یا برعکس، شاید که شایسته‌ی سکوت‌ام.

شاید!

بر من می‌گذری. گویا که از کنار دیواری در خلوت می‌گذری.

گر در تو شوقی هست، فریادی کن بر این دیوار!

تو را به صدای تو پاسخ می‌گوید...

۶

جایی حد فاصل تنهایی و عشق مقیمم،

جایی میان وسعت شاعر شدن و خلوت نجوا کردن،

جایی میان بازوان خودم و تندی نفس های معشوق،

جایی میان ناله های نامفهوم از شدت شعف،

جای میان لرزش لبها در بغض های غربت و تمنای یک بوسه در عصیان شهوت،

جایی مقیمم که نیامدی که نیامدی، که نشد که بیایی!

۷

بیا با من خراب کنیم این عمارت دروغین را!
هیچ تیشه نمی‌خواهد؛
کافی‌ست نگاه‌مان را برگردانیم؛
کافی‌ست نگاه‌های ما در هم تلاقی کند؛ هستی زیر و زبر خواهد شد!
باور نمی‌کنی؛ می‌دانم.
از بس به باور من کافری!

۸

نگو با من حرف بزن! می‌کوشم تا سکوت مرا بشنوی. گفتنی‌ها را گفته‌اند. من سرشار از ناگفته‌ها هستم؛ کلمات کم می‌آورند و ناتوان اند در بیان آن‌ها. حوالی من باش؛ بی‌اعتماد به گوش‌هایت...
به آن‌که با گوش‌های تو می‌شنود، تعالی می‌دهم؛ بی‌واسطه‌ی گوش‌هایش؛ با شنیدنی از نوعی دیگر...
بیهوده نپرس! تو چه می‌دانی از چه باید بپرسی و آن زمان که بدانی؛ چه چیزی برای پرسیدن هست!؟
از من هدایت نخواه که این راه آموختنی نیست. آن‌که رهنمایی می‌کند، به این می‌ماند که بخواهد تو را با غلتیدن از کوهپایه‌ای به قله‌ای ببرد. باور نکن! باید بال‌های تو باز شوند. الباقی افسانه است؛ بازی‌های کودکانه است. این‌طور نیست که بخواهی و بشود؛ این‌طور نیست که آرزو کنی و بشود. نردبانی نیست. جای پایی نیست. حتی مقصدی برای رفتن نیست. سالکان نشئه‌ی یک پرواز اند: یک شناوری ناب در ناکجای لحظه‌هایی نامیرا...
از من چیزی نپرس! کلمات نابلد اند برای گفتن؛ و تو نابلدی برای شنیدن.

۹

رهگذر گفت: این‌جا چه می‌کنی؟
گفتم: عمل.
گفت: در این وادی دور چگونه رُسته‌ای؟
گفتم: گفت «باش!» پس پدیدار شدم.
گفت: به چه کار؟
گفتم: تا در این کویر پریشانی، نشانی باشم.
گفت: راه بود و بیراه بود. حقا از دیدنت شادمان ام.
گفتم: بسیار چون تو یک چند در این سایه نشستند و گذشتند.
گفت: از آن‌جایی که می‌آیم، درختی بود؛ سایه‌اش به طعم سایه‌ات.
گفتم: آن‌جا که می‌روی نیز چنین است.
گفت: با تو، کدامین رهگذر بیشتر ماند؟
گفتم: او که طعم سایه‌ای مانده در دلش؛ توشه‌ای دارد به دوش و مرد تنها ماندن است.
گفت: من بسیار نزدیک ام به تنهایی! به دوشم توشه‌ای دارم، به دل هم خاطراتی چند.
گفتم: پیش من نمی‌مانی! من این‌جا بر عمل بسیار نزدیک ام. تو امارهرویی یا رهنمایی. هرچه هستی، پای در راهی. به روییییییییدن!
گفت: در پاهایم دردی هست.
گفتم: می‌دانم.
گفت: در شهد تو آیا مرهمی نیست؟

۱۰

گفتم: مرغک خانگی رو سوی خانه‌خدای کرد و گفت ای صاحب!
در پای من دردی هست؛ در دست تو آیا درمانی نیست؟
صاحب پایش بیازمود و گفت:
آری هست. بر گردن تو پری بر رگی روییده؛ آن پر برکنم تا درد در پایت
بمیرد.
مرغک گفت: چنین کن ای خانه‌خدای!
تسلیم ام.
صاحب گردن مرغ بگرفت و سرش به یک‌باره بکند و گفت آیا هنوز دردی
هست؟
مرغک بر دو پای بلند بلند می‌پرید و می‌گفت:
نه! خانه‌خدای دردی نیست. دردی نیست!
این کدامین پر بود؟ کدامین رگ؟
صاحب گفت: رگ اصلی! مرغک در خلسه بود.
رهگذر هیچ نگفت و رفت.

۱۱

پس چون نسیمِ نوبهارانِ تغییر بر بوته آدمی وزیدن گیرد، بر شاخه‌ها
گل‌ها رویند و خارها...
نه آن گل از آن شاهد است و نه آن خارها.
آن بوته تنها بستری است برای تجلی...
پس چون بر دیگری خشم بگیری، متعجب نشو که آن خشم تو نیست؛
آینه‌وار آن کَس را که نشان می‌دهی، متجلی‌کننده گل و خاری!
نه مهر از توست و نه خشم؛
تو تنها شاهدی و این را به‌وضوح ادراک می‌کنی که آنچه از آنِ تو نیست،
از تو گذر کرده و متجلی می‌شود.

۱۲

می‌گویدم: من ام؛ مرا بگو!

مست ام؛ ولی مستی کلام را منگ می‌کند. مفهوم فهم را رنگ می‌کند.
تصویر درک را تار می‌کند. احوال حال را زار می‌کند. با حال نو تو را یار
می‌کند.

مست و سرم به زانو، فرزین فکرم پیاده است! می‌بینمش هزار باره به‌وضوح
چهار انگشت دست. مست است و سر به زانو نهاده است!

می‌گویدم: من ام؛ مرا بگو! بنویس! به حرف بکش! این سیال بودنم را به
ظرف بکش!

سیال بودن به ظرف، یعنی چه؟

هستی نشسته در حرف، یعنی چه؟

مست و سرم به زانو، فرزین فکرم پیاده است!

دردم ز باده و درمان ز باده و باقی زیاده است...

۱۳

گمان بیهوده است که با آموختن بتوان ره به کوی معنا برد!
تنها چیزی که باید بیاموزی، یک جمله است:
«هرچه آموخته‌ای، فراموش کن!»
به بزم من چو بیایی، تهی پیاله بیا!
تا در سر چیزی دگر داری و در پیاله‌ات شراب دیگری هست، رفتن به میخانه تباه است؛ که نه آن خواهی داشت و نه این!

۱۴

می‌اندیشم به اینکه چه جان‌سخت است آدمیزاده!

وقتی حس می‌کنم که از حرارت عشقی که به صورتم می‌خورد، همه چیز پیرامونم ذوب می‌شود، محو می‌شود و باز من مانده‌ام و شعله‌های سرکش عشق...

همین‌ها که گفتم، هم هست و هم نیست. معلوم کلمات نیست. معلوم نیست که چیست.

مصیبت عظما مرحمت اعلاست!

گویی خود نیز آتش شده‌ام که آتش، آتش را نمی‌سوزاند.

عشق شده‌ام که چنین غرق در عشق و هنوز قادر به ادراک خویش ام.

چون دریایی که در خود موج می‌زند؛ هر لحظه نو می‌شود و در خود می‌پیچد و باز اما هنوز خود است.

من کی ام؟ «لیلی»، و لیلی کیست؟ «من»!

۱۵

به همگان دروغ گفته‌اند؛ آن‌ها که دیده‌اند، دروغ گفته‌اند. نتوانسته‌اند نگویند. حجم تاریک معنا چنان غیر قابل وصف است که هرچه در وصف آن گفته‌اند، دروغ است.

عالم معنا، خود وصف خود است.

هر وصفی غیر آن دروغ است؛ نه آن نور است که گفته‌اند و نه این تاریکی که من گفته‌ام.

جوششی بی‌وصف، غیر قابل توصیف است.

هم‌زمان که مرا انباشته می‌کند، تهی می‌کند.

همچنان که مرا احاطه کرده، درونم را اشغال کرده است. همچنان که «شوق»اش مرا به شعله می‌کِشد، «شبیخون»اش «هیچ»ام می‌کند.

دو سوی هر نقیضی را در خود دارد و ندارد:

هست را نیست می‌کند و از گلوی نیستی بالا می‌آید و هست می‌شود؛ منزه و کریه، مقدس و آلوده، عاشق و معشوق‌کش و خون‌ریز، مهربان و ستمکار و مادر و دایه و نامادری هم‌زمان است.

۱۶

کلمه «عشق» را حرمتی هست.

به این حرمت هزاران هزار دل خون شده است.

گاهی یکی در این میانه رسته است و الباقی به وصف عیش او، دل به زیر سنگ آسیا نهاده‌اند.

کیمیایی غریب است عشق که به درماندگان بیشتر درد داده است و مشهور به درمان است.

۱۷

هیچ می‌دانی که از پشت چشم‌های من چه کسی به جهان کنجکاوانه می‌نگرد؟
او یک قدیس گنهکار است؛
یک فرو افتاده‌ی سربلند؛
یک شاعر بی‌رحم؛
یک گم‌شده‌ی پیدا؛
یک آه پس از معراج؛
یک لبخندِ پس از گمراهی؛
یک جمع پراکنده؛ یک تهی و آکنده.
پشت چشم‌های من،
زرتشت مسیحاوار به رسم مسلمانی، بودا شده است!

۱۸

عالم معنا چنان شگرف و شگفت‌انگیز است و چنان ما را احاطه کرده و چون ذره‌ای ناچیز در خود می‌چرخاند که اغلب شک می‌کنم به بودن خودم.

گاه می‌پرسم اینکه هستم، یعنی چه؟ شک می‌کنم به اینکه زنده‌ام. چیزی قدرتمند مرا احاطه کرده و با خود می‌برد؛ می‌کشاند. اندکی ادراک مستانه و منگ هنوز با من است. حس می‌کنم این تحرک ناگریز و ناگزیر را.

و متلاطم و در هم چون امواجی بی‌اختیار، رو در رو با صخره‌ها؛ به هرچه می‌کوبم، شکسته‌تر، متلاشی‌تر، هیچ‌تر می‌شوم.

محو شده است پیرامون من همه چیز؛ رنگ‌ها رفته؛ صداها خاموش. من و مستی و معراج احساس در هم می‌لولیم. گاهی هنوز نفس‌هایم به ضرب‌آهنگ قلب تو کوک می‌شود.

۱۹

مکاشفات من کفرآمیز و طریق عشق‌ورزی من بی‌رحمانه است.

یگانه بودم که چهار شیطان مرا هفت علم آموختند در یازدهمین دروازه‌ی معنا.

پس پنج فرشته مرا هشتاد بار غسل نمودند در دروازه‌ی چهارم.

سه بار خدا شدم؛ شش جهان آفریدم و سه‌هزاروششصد سال است که مرده‌ام!

پیچک من بر اندام هستی پیچیده است در کش‌وقوس و هن‌وهن‌کنان. کالبد هستی از من می‌رمد. خرامش مقدس هندسه در اندام یک افعی ام.

آن‌روز که آرام بگیریم، دوباره خدا خواهم شد پس از هزاران سال در خود خفتن! تنوره خواهم کشید؛ چنان‌که تمام دیوان بگریزند و در دوستانم طاقتی نماند!

می‌خواهی مرا بدانی؟! من حقیقتی بی‌واژه‌ام؛ ادراکی محض؛ اعجازی در مجاز؛ معجزه‌ای در نامعلوم. همه چیز در ناچیزی ام؛ گوهری نایاب و دوستی کمیاب برای آن‌که اندکی بداند.

هر آن‌که در او اندکی عاقلی‌ست، باید از من بپرهیزد؛ من عصاره‌ی جنون در اکسیر معنی‌ام...

۲۰

مسیح در من ظهور می‌کند تا زنده شود.

و من به موسی کلماتی آموختم تا با خدایش تکلم کند.

محمد کودکی یتیم بود. به او شکر گفتن آموختم تا فخر عارفان گردد.

من هم‌زمان گلوی اسحاق بودم و تیغ ابراهیم و خدای قوچ‌سر.

هم‌زمان که قربانی می‌شدم، در گوشه‌ای دیگر در میخانه‌ای مفتون چشمان زیبای زنی از خود بیخود شده بودم.

من روزها مصلوب به دارها ماندم و شب‌ها در آغوش دلدارها.

نکند مرا خدا بخوانی! که خدایان در افول هستند و من در جوش‌وخروشِ زایش‌های نو در لحظه‌هایی ورای درک کودکانِ ادراکم.

مرا نشناس! مرا باش! تا در تو لبریز شوم، سرریز شوم؛ چنان‌که ندانی که ، که هستی!

۲۱

من به آن دو مرد هدیه داده شدم. نه آن‌گونه که برده‌ای را به کسی پیشکش کنند؛ من خلعتی گران‌بها بودم که آرزوی سالکان بود.

من معبر آگاهی بودم. آن‌دو حامی من شدند؛ مرا پنهان می‌کردند به کشتن من!

من ایشان را از میان قرون عبور دادم.

آن‌دو مبارز امروز این‌جا هستند. دو سالک بی‌واژه که کلمات برای آن‌ها بی‌معناست.

آیا دوباره به مرگ نزدیک ام؟!

دوباره مرا پنهان خواهند کرد؟ یا هویدا خواهم شد؟

یا آمده‌اند تا دوباره از معبر من گذر کنند به ناکجایی نو؟

در آمد و شدِ ایشان هر بار هزاران جان پیشکش شده است. بیم از آن ندارند که به اقتدار بگیرند. تا زمستان این‌جا هستند.

آن‌دو این‌جا هستند تا زمستان...

می‌سوزانند؛ درمان می‌کنند؛ جان‌ها می‌گیرند؛ جان می‌گیرند. خود جان محض اند؛ آگاهی محض اند؛ آیش زمینیان اند. گوش کنید! زمین دارد نفس می‌کشد!

مظلومان در معاملات ظلم شریک اند.

چرخ‌های آسیاب را به خون زینت ندهید.

تا زمستان این‌جا هستند.

۲۲

پس در گذر از رهگذاری احوال بر ما چنان شد که عشق بر ما شیوه می‌کرد...
اخلاق بر ما شیوه می‌کرد...
و به یک کلام، عالم بر ما شیوه می‌کرد...
چشم بستیم بر عشوه ایشان که از ورای آن‌ها آن گذر می‌گذشت.

۲۳

شاهان گدایی نمی‌کنند؛ عنایت می‌کنند هرچند به خون‌ریزی!
زهی که شاهی جانی طلب کند ز خیل مشتاقان!
نازنین! شاهان چنان اند که حق نه با ایشان، که به‌دست ایشان است. این نه لاف و نه افسانه؛ که افسانه‌ی این ملک چنین است.
آن صیاد اند که صید فدایی ایشان است. آن دام اند که ابتدا خویش را گره بسته‌اند به انگشتانی گره‌گشا. ایشان را عادت به موعظه نیست؛ که مریداند و به آنچه می‌خواهند، اراده می‌کنند. هستی فدایی آن است که بخواهند، تا بشود!
نازنین! تو را طاقت اراده ما نیست. به درشتی این کلمات تو را نوازش می‌کنیم.
نازنین! رسم شاهی بیاموز. اینک که فرصت گریز از حصار ذهن آموخته‌ای، رو نگردان!
روی گردانیدن پایان هیچ ماجرایی نیست.
ماجرا آن است که جان تو را گره زده‌ام به جان خویش؛ آن‌جا که جان ما بپرد، خواهی پرید:
گرچه پشت به رو؛ گرچه بِکشم تو را؛ گرچه بکُشم تو را؛ کِشان‌کُشان...
خنجر به سینه‌ی خود نمی‌زنم، تو در سینه‌ی مایی.
نازنین طاقت بیار! در بال خود تو را پیچیده‌ام، بال‌هایی که در آتش بارها سوخته و باز روییده اند.
نازنین! این راه دشوار، راهِ رو برگرداندن نیست؛ راهِ هر دم نو شدن است.

۲۴

نمان! که وقتی می‌گذشتیم، پشت سر را خط می‌زدم. چیزی نمانده آن‌جا جز گمان تو. رو به گمان خود نکن! این‌جا شاهی نشسته است. حرمت شاهزادگان به شاهان است!
رو برنگردان! به روی تو ما پشت به دنیا نکردیم. روی تو دنیای ماست و نیستیم!
فدایی حریم تو باشیم؛ ما را اما حرمتی هست.
شاهزاده! این‌جا شاهی نشسته است؛ رو برنگردان!
در جان مایی، در جگر ما، خنجر نشو در سینه‌ی ما، ما خنجر به سینه خود نمی‌زنیم. والّا کیست که رو برگرداند و بگریزد!؟
و اگر بگریزد، چه غم که بگریزد!؟
چه غم که تیر اندازیم!؟
چه غم که به صید خورد یا نخورد؛ که عالم در کف ما و ما در کف عالم به نخجیر!
صد لشگرِ غم اسیر ما بودند؛ به اشاره‌ی موی تو رهاشان کردیم و باز اسیر هزار لشگر ایشان نمی‌شویم. هزار تیر مژگان رها کردی و یکی را سپر نگرفتیم. شاهد نشستیم تا اشارت ابرویی شهیدمان کند. تا شهید تو باشیم ما که شاهد بر هر دو عالم ایم. شاهزاده! شاهان اسیر چشمانی دگرند. شاه نه آن شیر است که در اسارت ماند و نه آن کبوتر که خیزد و بنشیند.
رو نگردان ماهرو! که ما خورشید جهان ایم. روی تو تیره مبادا!

۲۵

حکایت غریبی‌ست، تن در زمین و سر در آسمان داشتن؛
نه تن، تن می‌شود، نه سر، بلند.
حریفان کاشکی سرداری کنند تا فتح‌الفتوحی به‌پا کنیم به رنگ ایشان؛
که ما بی‌رنگ سربلند به تماشا نشسته‌ایم تنها و شاهد و منتظر.
خوش آن‌کس که بیاید!
خوش آن‌کس که بگریزد!
و خوش آن‌کس که سری ببازد به رسم سرداران!
این سر باختن، کابین وصلتی نیست. وعده‌ای نیست از جانب ما. وفایی نیز
برعهده ما نیست.
اما آن‌که چنین کند، رسم بی‌رنگی آموزد؛ خود شاهدی شود که به رسمی،
به چرخش دستی، رسم جهان می‌چرخاند.
کاشکی ما را آرزویی بود!
آرزو می‌کردیم، شنوده‌ای، شنیدار شود به گوشی خریدار که بدهکار یک
جان است؛ چه در پای دوست، چه در آستانه‌ی رنگی که بی‌رنگی خدای
اوست.

۲۶

حریفان گلایه می‌کردند که چرا ما عاشقی نمی‌کنیم؟
و ما خدایان عشق را التفاتی نمی‌کردیم. چرخش دستی می‌خواست و مشتی رنگ تا نقش عشق بر پرده عالم بکشیم. اما ذات بی‌رنگی دست ما را آلوده‌ی رنگ نمی‌کرد؛ که عشق‌های رنگ آلوده، ننگ ما بود.
ذات بی‌رنگیِ ما اما مشهود کسی نشد تا شاهد باشد که هر رنگی از بی‌رنگی برمی‌خیزد. خود او اما مبرا از هر رنگ است. حریفان در پی عمارت اند در ما، و عمارت، خود در پی ویرانی است.
و این ویرانی ماست که مأمن گنج است برای آن‌که رنج را به جان بخرد و جان را به بی‌رنگی ما بفروشد.
رفیقان جان برای دوست بگذارند و عاشقان گلایه‌دارانِ درد فراق اند. جان نهادن کجا و گلایه کردن کجا!؟
ما جان بگذاریم و گلایه نکنیم. مردگان ایم بی‌آواز که زنده می‌کنیم به کلمه‌ای و بی‌رنگ. رومی-زنگی مستان ایم که در شرق عشوه می‌فروشیم و در غرب جان می‌ستانیم به خون‌بهای عاشقی.
حریفان می‌خواهند، بی‌آنکه بتوانند و ما توانسته، نمی‌خواهیم.

۲۷

گرو می‌گرفت همه چیز را تا همه چیز را نشان بدهد.
می‌گفت: می‌خواهی جان را ببینی!؟
جانت را گرو بگذار!

۲۸

نازنین!
تو با موهای بلند زیباتری.
من با چشمان بسته،
تو با عشوه، من با کرشمه،
تو تشنه و من چشمه.
زیبایی آن‌جا هم هست که آب، تشنه‌ی تشنه‌ای می‌دود!
نازنین رو برنگردان!
برگرداندی، دوباره برنگردان که نیستم. هر طرف که رو کنی، به سوی من
است و نیستم.

۲۹

آن‌که ما را آموخت، نیاموخت که سرکشی کنیم.

در معبدی زنجیر کرد؛آموخت تا چگونه رها شویم.

آن‌گاه به هیبت ما، در برابر ما نشست و بی‌آنکه بگوید، پرسید:

طعم درد چگونه است!؟

ما را حب وطن نیاموخت،

آزادگی نیاموخت، فرزند و خویش و خانمان نیاموخت.

نگفت. و شنیدیم که نخواست قلب ما سستی کند. نگفت. و شنیدیم که از جان آدمی گفت.

قراری نکرد و قرار ما شد جان آدمی؛ آن‌جا که دندان گرگی بر گلوی انسان است!

ما به عهد خود وفاداران ایم!

پروا نمی‌کنیم از وسعت موطن شما، از فرزند و خویش و خانمان شما!

ما به عهد خویش وفاداران ایم!

زمستان را خبر کنید؛ ما قاصدان نوبهاران ایم!

هر کجا نازنین رنجوری هست،بخواند.

نه! نخواند؛ که ما خود شنیداریم. بی‌آنکه بخواند،

بداند و دل قوی دارد که شنیداری هست!

۳۰

از چهار نسل ایشان گرو خواهیم کشید تا پایان این قصه‌ی تلخ!
به تیر حال بر سمند جنون، بی‌رحمانه به صید خواهیم رفت.
در پستوی خانه‌ها نهان شوید!
آن‌که ما را آموخت، جنگاوری آموخت. زبونی نیاموخت. خاصه آنکه
غنیمت میدان جان آدمی باشد!
به هر جهان بگریزید، آن‌جاییم،
به هر وهم که بپیچید، آن‌جاییم!
این برهنه‌ی براق در چشمان ما، تیغ خیال ماست و کیست که از آن
بگریزد؟

۳۱

می‌توان اسیر نقطه‌ای شد در الفبای کلمات و آزاد از تمامی حروف شد.
می‌توان این‌چنین از همه حروف برائت جست. رَست و رستگار شد در نوعی دیگر از ادراک که از بَطنِ هیچِ آن نقطه می‌جوشد.
می‌توان عاشق چشمی شد و از چشمِ دیگر آدمیان رهایی یافت: نوعی جدایی از همه و تعلق به یکی داشتن؛ رَستن از بقیه و وابسته‌ی یکی شدن، به مفهومی سنتی از عشق و رستگاری در عشق.
چنین عشقی اگر پدیدار شود، اندکی از رستگاری و انبوهی از اندوهناکی را با خود به همراه خواهد داشت.
چنین عشقی وامدار هجر است و وصال. آتش در نیستانِ همه‌ی احساسِ تعلقی است که در یک‌جا متمرکز شده است. آن هجر زاینده‌ی خیال است. خیالی واقع‌پذیر که اگر واقع نشود، اندوهی عظیم خواهد آورد و اگر بشود، از اوج ماجرا فرو خواهیم افتاد.
نقطه اما بی‌تعلق است. اوج و فرودی نیست. نو به نو شدن‌های ادراک، عبور مدام از مرزهای نو در ادراک را میسر می‌کند. خیال در خیال در عالم بکر خیال است.
هرکس نقطه‌ای را بداند، همه چیز می‌داند و هرکس نقطه‌ای را نداند، تنها نقطه‌ای را ندانسته و بس.

۳۲

در گوش تو نجوا می‌کنم. آهسته تکرار کن تا کلماتم از تو عبور کنند. تو را بو می‌کنم؛ نفس می‌گیرم و کلماتم زاده می‌شوند از عطر آنچه بوییده‌ام.

این عبوری دوگانه است و پیوندی یگانه. هرگز کسی نخواهد دانست که تا چه حد این ریسمان محکم و ناگسستنی است.

کلمات مرا برای کسی تکرار نکن!

این غسل درونی که از زبان من جاری‌ست، هرکسی را پاک نخواهد کرد.

این اکسیر جان من است که تو را معطر می‌کند و من دوباره آن را بو می‌کشم و باز کلمات زاییده می‌شوند.

باور کن این چرخ سماع را هیچ‌کس درک نخواهد کرد.

این رقص مدام را هیچ‌کس تاب نخواهد آورد.

کلمات مرا آهسته بگو!

آن که می‌شنود، نمی‌داند چه شنیده است؛ اما جان من تباه می‌شود و جان تو سیاه!

تبادل این کلمات دیگر نخواهند گذاشت ما مثل آدم‌ها زندگی کنیم. ما را به باد می‌دهند این اسرارِ مگو.

۳۳

بگو دریاها تلاطم نکنند!
بفرما بادها بایستند!
زمان را بگو متوقف شود:
آن‌جا که عشق به تجلی اشک به محراب و معراج می‌شود.
آن‌جا که آدمی لبریز می‌شود، سرشار می‌شود، کم می‌آورد، زانو می‌زند که می‌داند همه تلاشش را کرده، اما سفر ناگزیر است!
به پریان بگو بال‌های خود را از زیر قدم‌های ما بردارند!
بگو اگر عشق این سختی را نرم نکرده، دیگر راهی نمانده؛ دیگر نمی‌شود.
بگو خدایان شمشیرها و دشنه‌ها برهنه کنند!
ما نیز برهنه‌ایم- برهنه و رقصان و تنها.
این سینه‌ی سرریز از عشق ما و این تیزی بی‌حیای دشنه‌هاشان!
بگو دریاها تلاطم نکنند! بفرما بادها بمانند تا کار تمام شود!
این‌جا شهیدی شاهد خود خواهد شد.
به زمان بگویید ساکن شود، این نابِ بکر را در یابد:
لحظه‌ی فوران عشق از جای زخم دشنه‌ها؛
لحظه‌ی زانو زدن که: «آه! رها شدم عاقبت».

۳۴

ما
و کبودی ناخن‌هامان در این زمهریر سرد
و عشق
و اندوه عشق
و فراق...
و همین چند کلمه کافی است تا بدانی بر ما چه رفته است!

۳۵

مصمم بود برود. مصمم!

چند قدم می‌رفت، برمی‌گشت نگاهم می‌کرد.

می‌دید بر زمین افتاده‌ام؛

برمی‌گشت کنارم می‌نشست.

می‌گفتم: بغلم کن!

می‌گفت: زره پوشیده‌ام؛ دست‌هایم به هم نمی‌رسند.

می‌گفت: این سینه‌ی من آماج تیرها و نیزه‌هاست.

من که پشت به دشمن نمی‌کنم؛

تو در آغوشم هلاک می‌شوی!

آن روز زره‌اش را کَند، مرا بغل کرد، بویید، بوسید. من مست شدم،

او ناله می‌کرد از نیزه‌هایی که به سینه‌اش فرو می‌رفت.

برخاست تیرها را، نیزه‌ها را از سینه خود بیرون کشید. زره‌اش را پوشید.

مصمم بود برود و رفت.

جسم بی‌جانش در آغوش من، رنجور باقی ماند.

۳۶

احاطه در نور، سبک‌بارم...
بیا! بیا ببین خلوت خاموشان را!
این شناورِ سیال مرئیِ کسی نشده؛ بیا تو ببین!
ای نایافته‌ی ناب! بیا دمی تو بگرد تا هویدا کنم تو را.
نه! حتی لازم نیست بیایی؛
امتداد من همان‌جاست. در ناکجای حضورت حاضرم.
دستان خدای مشرق در دستی و دست خدای مغرب در دست دیگرم، رو به حضور ایستاده‌ام.
ایستاده‌ام در برابر معنا؛ آن‌جا که تجلی را تمنا می‌کند؛
آن‌جا که شور تماشا، چشمان را خیره می‌کند.
ایستاده‌ام، یاری می‌کنم مسیحا را، صلیبش بر دوش. و محمد را به هنگام شاعری. بیا نگاه کن من آن نورِ طور ام!
بیا تا گفت‌وگو کنیم. من مرئیِ کسی نخواهم شد.
نیا!
هرجا هستی بنشین، بشنو!
خدایان صراحت، خراب عشق‌بازی من در سکوت‌اند. بشنو سکوت این خیابان‌گردِ خاموشِ خراباتی را.
خیال کن مرا!
من در خیال مرئی‌تر ام، متجلی‌تر، شبیه آن می‌شوم که تو بدانی، که بشنوی، که بخوانی. در میان اوهام نمان!
بیا!

۳۷

من مؤمن‌ترین کلمات کافرانه‌ام؛
شیطانی‌ترین تندیس خدایان؛
برهنه‌ترین محجوب؛
آوار شهوت در رگ عفت قدیسان.
نیا!
هرکجا هستی، مرا نفس بکش!
در خون تو حلول می‌کنم،
در رگ‌هایت خواهم دوید! در ثانیه‌های وداع. لحظه‌ی مرگ،
عریان، چشمان تو را خیره خواهم کرد.
در ثانیه‌های وداع،
وقتی که برای همه چیز دیر است،
وقتی لحظه بعد، لحظه‌ی پایان است، من لحظه‌ی آغازم!
لحظه‌ی آغازم اگر آمده باشی؛ اگر آماده باشی؛ اگر مرا نفس کشیده باشی؛
شنیده باشی. وگرنه مردار خواهی شد،
حتی اگر نمرده باشی.

۳۸

جنون در تعادل و عشق در افراط.
باز کن طناب را از گردن سرکش این سمند چموش!
بگذار برود چهارنعل تا از نفس بیفتد.
تشنه و خسته توقف خواهد کرد.
دوباره فکر طناب نباش!
هی کن او را تا بدود؛ هرچه تشنه‌تر شود، سیراب‌تر می‌شود از گریز، از چموشی؛ رام می‌شود.
رام بالفطره خوب نیست؛ رام شدن حاصل از چموشی، مانند گل دادن خار است.
تو خیال نکن تعادل یک جا مقیم شدن است.
اگر تعادل حد میانه‌ی عقل و جنون باشد، ما میان این دو تاب‌بازی می‌کنیم برای لحظه‌ای گذر از نقطه‌ای بکر.
همه عمر فدای مستی آن یک لحظه باد!
یک لحظه ناب که شاید یک عمر طول بکشد.
کسی چه می‌داند که به آب افتادن برای قرار گرفتن به هنگام غرقه شدن، برای اینکه بگویی «آه! تمام شد، تمام شدم»، چه نبردِ بزرگی‌ست
و چه دست‌ها که برای گرفتنِ دستت و چه موج‌ها که برای کشیدنِ پایت و چه تاب‌بازی نابی که موج‌ها تو را به اوج‌های تفریط می‌کشانند تا آن‌جا که ...
و بعد تمام.
کاشکی یکی تک‌تک ما را به آب می‌انداخت در طوفان دریا و دست دراز می‌کرد که بگیرد و باز رها کند.

۳۹

در دو سوی جاده، به فاصله‌ای دور کوه‌هایی مرتفع قرار داشتند.
ما از میان دشتی خشک امتداد جاده را می‌پیمودیم؛
جاده‌ای تب‌کرده و پر از سراب.
و بسیار می‌باید می‌رفتیم تا به تک‌درختی تنها و گاه خشکیده برسیم.
قلب من گواهی می‌داد همه چیزهای مهم تنها حوالی این تک‌درخت‌ها
فرصت تجلی می‌یافتند.
درختان، تاریخ صامت آن راه بودند.
درختانی تنها با ریشه‌های عمیق.

۴۰

راهِ دورِ نرسیدن‌ها،
از درون ما عبور می‌کند.
فاصله‌ای که اگر هیچ طریقی را طی نکنیم
اما از آن عبور کنیم،
همواره در مقصدیم.

۴۱

ما آباد آزادگان ایم که هر کس به ما رسد، خراب و اسیر گردد.

آباد و خراب، یکی، و اسیر و آزاد، یکی است.

از بس که ما چنان ایم،

ایشان چنین اند.

در شگفت از این تناقض و شادمان از این یگانگی!

۴۲

در کسوت عاشقان شیدایی کنم یا به شریعت شیاطین، شیطانی؟
آنی تمام فرشته و آنی شیطانی از آتش سرشته‌ام که می‌سوزاند.
از بیداد خود، دادخواهِ خود، بر باد می‌شوم و دوباره آتشم درپیچیده و شعله‌کشان؛
تا پری‌زادی زاده شود، بال بگیرد و سراپا شوق چنان به پرواز درآید، شعله‌ریز و جان‌سوز که اول خود بسوزد آن‌گاه گلستان را، باز گل دهد، گلستان کند. رود را بخشکاند، تر کند، آب زند، موج بردارد، سیلان کند، فرو بنشیند، ترک بردارد، بشکند، بلرزاند، بلرزد از شرم، گل کُند روی گونه‌ای، بنشیند در دلی، داغ، گر بگیرد، سرد شود، یخ کند، اندوه شود، خوار شود، خاک شود و باز بر باد، بال در باد!
به معنی ام!
به صورت!
مستورم و مست.
رگ بر تیغ و فارغ از بود و هست
تیغ و رومی و زنگی و مستِ مست...

۴۳

نگفتمت؟ آری! نگفتم.

گفت‌وگویی نیست،

حرفی نیست،

کلمات مفلوک اند، گریخته باخته‌های توصیف اند. ما که وصف نمی‌کنیم؛

وصف کردن نصف عیش هم نمی‌شود.

ما در عشق تمامیت‌خواهانِ سرمست و بی‌باک ایم.

ما را به کلمات چکار؟

جان رد و بدل می‌کنیم. جانان معامله با جان می‌کند.

نگفتمت که جان ندهی؟ هر جانی در این سودا سود نمی‌کند!؟

جان را قوی کن؛ که قوی‌جانان معامله با آشنا کنند.

«اقتضای جان چو ای دل آگاهی‌ست

هر که آگه‌تر بود، جانش قوی ست»

۴۴

می‌خواهی مرا بدانی!؟
من شهید اول ام!
از آن‌جا هستم که تاریخ در آن دلمه می‌بندد؛ جایی که جنون و جهل و هراس به هم رسیدند.
من شهید اول ام. بر گرده‌ی شیطانی نشستم تا بگریزم از آن‌جا.
و در میان آن همه کشته، تنها من شهید شدم، به شهادت همه‌ی آنچه بر من گذشت!
چه ماجرای غریبی بود!
از همه مرزهای نباید، رد شدم، پرتاب شدم، پرید، گلوله‌ی آتش بود.
سرکش‌ترین سمندِ افسار بریده‌ی ناآرامِ تاریخ، مرا بر گرده‌ی خود می‌برد که من او را زنده کرده بودم:
شیطانی لنگ و ملول و مرده بود در دایره‌ی انجمادِ به دور خود چرخیدن و دست به دست شدن.
ما به اجبار دوم رسیدیم و من شهید ثانی شدم در جوار تمدنِ عبور از تنهایی!
گلوی مرا خفتِ خفقان برید؛
جایی که شدتِ شیاطین، نسیانِ انسانی را به سور نشسته بود و غبارهای شعار وسعتِ صفر دیدن را ناپدید کرده بود.
من شهید ثانی ام؛ به شهادتِ شبهاتِ همه گمراهان تاریخِ نانوشته‌ی مدفون در سینه‌های بازندگانِ جدال‌های نابرابر میان سرشت و سرنوشت و توهمِ حقیقتِ وجودی انسان!

۴۵

و آن‌جا که کلمات از گفتار باز می‌مانند، من برای سومین بار شهید می‌شوم در تکرر هجومِ ابعاد دیگری از ادراک، که کلمات از آن چیزی نمی‌فهمند.
به شهادت کدام معنی شرح دهم شهید ثالث را !؟

گلایه از چه می‌کنی ؛که به هر طریق دیگری که برمی‌گزیدی، باز هم هزار هزار جای گلایه ساخته و پرداخته می‌شد.
راه‌های نرفته بی‌گلایه اند تا زمانی که نرفته‌ای.
من مقصدی یگانه می‌جستم که راهش مرا کشان‌کشان نبرد. که با جان بروم. عاقبت آن مقصد را در آینه‌ها جستم.
مقصدی نبود،
راهی و راهبی و رهرویی نبود،
من نیز نبودم.
هیچ چیز نبود جز اوهام متکسر.
جهانم را خلاصه کردم در وسعت اندام برهنه زنی در خنکای نسیم اردیبهشت، هنگامی که باد لابه‌لای موهایش عشق‌بازی می‌کرد.

۴۷

گفت: بر آنچه واقع شد، شاهدی داری!؟

گفتم: شاهد کیست؟

گفت: کسی که آن‌جا بوده باشد.

گفتم: همه‌ی عالم آن‌جا بودند لیکن همه در خواب!

۴۸

می‌توان لبه‌ی اندوه را به لبه‌ی تنهایی چسباند و شادی نوزاده‌ای را در آغوش کشید.
شادی نه فرزند تنهایی و نه فرزند اندوه است؛
شادی حاصل گذر از مرز تنهایی و مرزهای اندوه است.
جایی که ماهیت یگانه اندوه و شادی در هویتِ طربی ناب تجلی می‌یابد.
تنهایی، نخواستن جمعیت نامتجانس است و اندوه آن‌چنان است که گویی همه چیز به یک‌باره از دست رفته و پس از آن دیگر چیزی نمانده که اندیشه گرفتار و اسیر آن بماند.
خلوت خالی طرب پس از این است که هویدا می‌شود.
هرچه آید، تو خواسته‌ای و هرچه آید، تو خواهان آن خواهی بود.
این چیزی نیست که به وصف آن ادراک شود.
باید یک‌پارچه چنان شوی تا بدانی.

۴۹

باران می‌بارد و سردی اکتبر خود را از پنجره به روی تن برهنه‌ام می‌کشد.

سرما را به صدای باران تحمل می‌کنم.

آن‌چنان که به یاد تو، دوری‌ات را؛

آن‌چنان که به وفای تو، جفایت را؛

آن‌چنان که نبودت را به هوای تو؛

آن‌چنان که کفرت را به خدای تو.

به حرمت آنچه باید باشد،

آنچه را هست، تقدیس می‌کنم برای تو.

۵۰

بریز ساقیا شرابی که جان به جامی گرو دهم.

سنگین است چهاردیوار آغوشت بر این نحیف ستون‌های تنم.

بریز آن‌چنان تا کِرخ شود هوشیاری‌ها...

آه! اگر هوشیار گردم من، درهم فرو خواهم پاشید. مست دائمی نگاهم
می‌دار.

آه اگر یارم بداند با من چه کرده‌ای! آه! او نیز جان را گرو می‌کند به جام
دیگری!

بخوان ساقی که صدایت در شراب قلعه‌ای بنا می‌کند دور از دست دیوان.

بخوان! خراب و آباد کن! بریز و بخوان به جان من، به جان تو! بریز و بخوان!
بی‌وقفه، مستمر.

و تا جانم گرو است، تعلل نکن!

۵۱

بگو به عشق بیاید،

تقلا کند؛ به گرد ما هم نخواهد رسید.

ما یک جان شده با معشوق ایم.

از میان جان‌های هم رد شده‌ایم.

کو تا در سراب عشقی، عاشقی به معشوقی رسد یا نرسد!؟

یادها یادگاران ما هستند و عشق‌ها وامداران ما؛ که ما نه به هوس، که به
جان عشق ورزیدیم به جانان؛ به بود و نبود؛ به هست و نیست.

و نیست شدیم. از ما اثری نیست.

کسی از ما اثری نخواهد یافت.

عشق حتی به گرد ما نخواهد رسید.

۵۲

ما را شکار کرد. بیفکند و برنداشت.

این خاصیت حقیقی آن شکارچی است.

برای کسب شکوه صید او بودن، باید گریزپا بود.

آن‌کس که چابک نیست، مردار خواهد شد.

آن‌کس که چابک است، مسیر اقتدار را می‌داند و هم‌سو با اقتدار در جنگ و گریز به سوی جاودانگی سفر می‌کند.

۵۳

می‌گفت: بگو تا بشود!

نمی‌گفتیم.

هر چیزی آن‌گونه که می‌شد، بی‌گفتن ما می‌شد.

هر شدنی مقبول ناگفته‌های ما بود.

گفتن و شدن، کار خدایان است؛ ما را به خدایان التفاتی نیست.

ایشان گرفتار بندگان خود اند و بندگان گرفتار ایشان؛ تا خدایی چه کند،

تا بنده‌ای چه کند، به رحم و به شدت و در خلقت خود منفعل اند.

هر بار که پلک بر هم بگذاریم، چون بگشاییم، کائنات آن‌چنان چیده

می‌آید که می‌خواهیم. حقیقت اینکه چیزی نمی‌خواهیم.

منت می‌کشد روزگار که چیزی بخواهیم. نمی‌خواهیم؛ چیزی ندارد که

بخواهیم. خیال می‌سازد. این صنعت به گرد ما هم نمی‌رسد.

این‌چنین اما راه بر موری نبسته‌ایم. که می‌شد رهزن عالمی باشیم؛ اما در

کنج خود نشستیم و راه بر خود بستیم که حریف ما، ماییم و دیگر همه

بازی‌های کودکان است.

راه بر خود بستیم که غرور راه بر ما نبندد. این‌ها که گفتم، غرور و فخر

نیست؛ این است که اگر فخر می‌فروشی هنوز، بدانی بیچاره‌ای.

همه هیچ است، بر افلاک حکم کردن فخری نیست.

مشتی خاک چه جای فخرفروشی داری!؟

بیچاره است آدمی تا هست. چه جای غرور!؟ چه جای فخر!؟ بیچاره است

آدمی؛ در غرور بیچاره‌تر.

۵۴

می‌خواهم دراز بکشم لب حوض...

طوری که صورتم رو به آسمان باشد.

طوری که نم باران بخورد به صورتم.

طوری که بتوانم بشمارم آن‌ها را.

طوری که نسیم از آستینم برود زیر پیراهنم.

طوری که یاد تو بیاید خرابم کند، آبادم کند.

خاک بر سر بطری‌های شراب در تاریکی انباری؛ که از این اکسیر ناب مست نمی‌شوند.

ببین من چطور شده‌ام!؟

کار توست یا کار همان اکسیر ناب!؟

هی نوشیدم، هی یاد تو کردم. طوری شدم که شیشه‌های شراب نمی‌شوند!

خدا آمده با نور ماه، با باران، با نسیم، هی دست می‌کشد به تنم که مبارک باد این حال تو!

خدا را می‌خواهم چکار؟

برود سراغ عاقل‌ها؛ من مست ام.

خاک بر سر شیشه‌های شراب که بلد نیستند مستی کنند.

بلد نیستند خدایی کنند.

۵۵

خراب ام؛ چنان که نخواهند.

زهرم چنان که ننوشند.

در این خرابه گنج‌ها نهان است و درمان هاست در این تلخی‌ها.

حکیمی کو تا درمان درآورد از زهر؟

و جست‌وجوگری کز ویرانه گنجی برآورد!؟

کذب شراب، زهر می‌شود تا روزی درمان شود و کذب آبادانی رو به ویرانی است.

ماه در اوج و حضیض می‌چرخد. آدمی در دایره‌ی احوال. یکی مدیون خورشید است و دیگری وابسته‌ی معنی.

معنی آن‌جاست که صورت نیست؛ آن‌جا که خورشید است، مهتاب نیست.

۵۶

یک خط مستقیم میان دو نقطه‌ی ازل و ابد...
خطی که دو سوی آن به بی‌نهایت میل می‌کند.
یک خط سکوت...
خطی بدون نوسان، بدون اغتشاش، صراط مستقیم ماست.
پرداختن به هرچه خارج از این خط توجه را به خود می‌طلبد؛ پرداختن به
باطل است.

۵۷

اتاق تنهایی، تنهایی در اتاق و تکرر دیوارها در شش جهت...
قاری به گوشم ترتیل می‌خواند. اتاق‌های کناری در شش جهت گسترده‌اند.
تا ابدیت خالی‌اند. در یکی از آن‌ها گاهی صدای سه‌تاری می‌آید. ولی
اتاق‌ها خالی اند؛ شاید صدای باد است.
باد و سه‌تار! چه ترکیب عجیبی!
«قل یا ایها الکافرون»!
کدام کافران را می‌گوید؟
من در این کندوی ابدی تنهایم.
کدام قاری، کدام ترتیل!؟
صدای باد در شش ضلعی خلوت یک اتاق!
چه ترکیب عجیبی!
سه‌تارم کجاست؟ می‌خواهم قرآن بنوازم!
به جبرئیل بگویید دست بر گوش‌های محمد بگذارد!

۵۸

شراب نوشیدیم و بر صورت دف‌ها سیلی زدیم.

دل‌هامان به اسارت رفت و دولت عشق به جرم جنون، ما را به زنجیر کشید.

پس از پیش چشمان ما گذشت آن ماه که چون او در جهان نیست. ما اسیر و او بر جان ما مقتدر!

گاه بر لبان ما لب نهاد؛ چون نی به ناله آمدیم.

در ما دمید؛ بر باد شدیم.

در ما تنید؛ چون چنگ شدیم.

این هوای عاشقی ما را مهمان کرد و آن‌گاه به اسارت گرفت و قصد جان کرد.

پس هرگاه به رها شدن تلاشی کردیم، راه خانه فراموش‌مان شده بود!

چه طمع در شراب کردیم و گرفتار شدیم. رحمی نمی‌کند.

۵۹

به معراج آغوش معشوق شدن، آن‌گاه که در او اثر نمی‌کنی و او همه در تو اثر است، کاری کارستان است.

آن‌گاه که از اثر او از آثار او شدی، برگ سفیدی، آینه‌ای که هرچه خواهد، بنویسد و بنگارد و نداند غیر زلالی چگونه تجلی کند که پیش‌تر تو، خود زنگار او زدوده‌ای و لوحی از نور از او به جا مانده است.

یک تواترِ تو در تو از پاکی آینه‌ها تا بی‌نهایت وجود، ابتدا و انتها، تو و او و ازل و ابد در دل‌هاتان!

کسی چه می‌داند چه می‌گویم! آوخ! که معشوق نیز نداند.

۶۰

یک پرنده کوچک آبی در دل آدم‌ها لانه می‌کند.

این پرنده به آنچه در دل آدم است، باور ندارد. با آیین آن دل، کافر است.

در دل مجنون‌ها لانه می‌کند؛ ولی به جنون کافر است؛ دیوانگی را باور ندارد.

در دل آدم‌های مغرور می‌نشیند؛ اما غرور را باور ندارد.

در دل مؤمن می‌نشیند؛ اما ایمان ندارد.

هر وقت آدم‌ها از ته دل خود سخن می‌گویند، انگار از زبان این پرنده کوچک است.

هیچ دیوانه‌ای، دیوانگی خود را باور ندارد.

آدم‌ها گاهی نیز عاشق می‌شوند. آن‌جا که در عین عاشقی، عشق را منکر می‌شوند، کار، کار همین پرنده‌ی کوچک است.

من این‌ها را زود فهمیدم. همیشه برعکس عمل می‌کنم. دستِ کم، این‌گونه وانمود می‌کنم:

برای آنکه پرنده کوچکم طعم جنون را تجلی دهد، در دلم عاقلی می‌کنم و برای تجلی عشق کاهلی می‌کنم.

۶۱

نپرس من کی به معشوق خواهم رسید؟
تو به معشوق نخواهی رسید مادامی که خود را «من» خطاب می‌کنی.
من کی‌ام؟ لیلی؛ و لیلی کیست؟ من
هر دو یک روح ایم اندر دو بدن
منفعت خود شمردن رسم رستگاری نیست. هرچند میان بلا باشی؛ که
عاشقان میان حرامیان احرام بندند و میان رستگاران، رستگاران اند!
«من» محرم منفعت خود است؛ رستگار نمی‌شود؛ رستن نمی‌داند.

۶۲

بگو دیوانگان عالم بیایند!

می‌خواهم دیوانگی کنم...

عشاق عالم از ازل تا ابد را فرا بخوانید تا آن‌ها را جنون بیاموزم!

فسانه‌ای خواهم نگاشت که در هیچ کتابی نیاید؛ که کلمات در شرح و بسط آن گنگ و حیران اند.

آری! این افسانه‌ی ماست و نامحرمان بی‌خبر خواهند ماند تا همیشه.

این آتش بر ما گلستان باد!

۶۳

گمان می‌کنم توبه کردن سخت‌ترین کار آدمی است.

باید به راه آمده‌ی پشت سر نگاه کنی.

به تاول‌های پاهایت نگاه کنی.

باید در طوفانی از فوران اشک و تندر بغض، آخرین بندهای بادبان‌های امید را قطع کنی و تسلیم چیز دیگری شوی.

ما دل به دریای معنا، صاعقه‌ی توبه بر دل‌هامان نشست و دوام آوردیم و کیفر شدیم به اشدِّ حالات ممکن؛

تا مجبور به رضا شویم.

می‌دانی پس از این‌همه سختی، چه چیز سخت‌تر است!؟

توبه شکستن.

آری! هربار توبه شکستیم!

کسی چه می‌داند از صفا و جفا و مروه و مروت!؟

۶۴

تا جایی که چشم کار می‌کند، سفید است؛
زمستان و قطب و برف.
حقیقت این است که چشم‌ها قادر به دیدن فاصله‌ی زیادی نیستند.
بادهای سرد در حال وزیدن اند.
اثاثیه‌ام را جمع کرده‌ام.
نمی‌شود چیزی با خود برد؛
نه سرما امان می‌دهد،
نه چیزی ارزش بردن دارد.
فقط باید رفت.
با لباس‌های سفید تا دورترین جای ممکن.
جایی که پای کَسی به آن‌جا نرسد.

۶۵

فوران معنا در گنگی
هندسه عشق را در مثلثات وصل جست‌وجو می‌کنم:
آن‌جا که توازی عاشق و معشوق در بی‌نهایتی دست‌نایافتنی به هم می‌رسند.
مکمل کلمات تو می‌شوم در دایره‌ی سکوت:
آن‌جا که می‌دانی و نمی‌توانی بگویی؛
آن‌جا که می‌گویی و کلمات زیر بار معنا نمی‌روند؛
آن‌جا که ریاضت معنا به معراج می‌رسد اما سر همچنان بر دو زانوی هجر پریشانی می‌کند؛
آن‌جا که ادبیات معنا، دایره‌ی ریاضت را به خطِ خلسه متصل می‌کند، و توربِ اوهام در هم گره می‌خورند، زوایه‌ی خیال را محاسبه می‌کنم برای رستگاری.

۶۶

می‌دانی طرب مشرقی است و ترس مغربی؟
چیزی که در مشرق زاده، و در مغرب مستهلک می‌شود!
هر دو یکی هستند در مدار دایره‌ای،
آمده از ناکجا و به ناکجا می‌روند تا طلوعی دیگر.
می‌دانی مشرق بی‌ابتداست و می‌شود مدام به سمتش در طرب قدم زد؟
می‌دانستی در مشرقِ مشرق‌ها ترس‌های مغربی، مشرقی می‌شوند؟

۶۷

نشسته‌ام.

قاصدک را باد می‌برد...

گمان می‌کنم از او در این کائنات بی‌دفاع‌تر ام.

او حامل چیزی‌ست؛ من حامل چه ام!؟

بادها مرا به کجا می‌برند!؟

روی آب‌ها خواهم نشست یا خاکی آبستن تکرارِ قاصدی دیگر به سمت مقصدی نامعلوم؟

در خود خفه‌ام؛ کلمات ناله می‌کنند زیر بار معنای مقصدی نامعلوم!

۶۸

روزگاری در من نیز فکر برنده شدن جاری بود. فکر پیروز شدن!
روزگاری شد که می‌شد بر هر چیزی، در هر چیزی برنده شوم.
می‌شد چشمانم را ببندم و برنده بگذرم.
روزگاری دانستم که رقیبان پوشالی ارزش برنده بودن را تهی می‌کنند.
سال‌ها در حسرت رقیبی که نبازد، که باختن به او شعف هزاران برنده شدن را متجلی کند، مانده‌ام. اما مرگ همچنان هر برنده‌ای را به رقابت می‌طلبد.
وقتی به دستان مرگ دست می‌زنم، حقارت آنچه برده و باخته‌ام، بر من هویدا می‌شود.
چه جای گلایه از باختن‌ها و چه جای غرور در پیروزی؟
ما پیش از مرگ بردگانِ غروریم به سؤالاتی این‌چنین که چرا چنین شدم یا چنان نشدم؟
مردن فارغ شدن از این پرسش‌هاست.
به یک پاسخ کوتاه که هرچه بود، تمام شد! برنده و بازنده، تمام شد! هرچه بود، گذشت.
پیش از مرگ به این نتیجه‌ی قطعی رسیدن و آن را رعایت کردن اَشدّ سلوک است. مسیرِ عاشقی نیز جان پیشکش جانان کردن است؛ بی‌گلایه و خشنود از اینکه می‌شود همه چیز را داد و رها شد.
گاهی آدم همه چیز را به‌ظاهر بذل می‌کند، اما همچنان گره خورده به آن‌هاست.
مانند پهلوان شکست خورده‌ای که مدام بهانه می‌آورد که چنین کردم و چنان کردم؛ باید چنین می‌شد و چنان می‌شد.

۶۹

این مزدوری است؛

طلب مزد است؛

نه سلوک است و نه عشق و نه هیچ چیز دیگر.

تا زمانی که دل در گرو آنچه شده است، مانده، مزدوری است به تمام معنا

و ادعای واهی.

فریادهای کسی است که می‌گوید: آی غرق شدم!

آن‌که غرق شده به تمام معنا، آوایی ندارد،

ادعایی نیز ندارد،

گلایه‌ای حتی ندارد؛

کار تمام شده است.

۷۰

وقتی به باغچه‌ای می‌رسی که گل دارد،
رو برنگردان!
عمر گل طولانی نیست.
کاش می‌فهمیدیم همین راز ساده را!!

۷۱

پس از وسوسه‌های فراوان مرا به معبدی برد تا بت‌پرستی آغاز کنم.

دخمه‌ای بود در گوشه‌ای که از آن‌جا به معراج می‌رفت.

قدم میان رشادت و ترس نهادم.

مرا برهنه کرد. دست در پهلوی من برد و پرسید: نسبت من با تو چیست!؟

چیزی از درونم پاسخ داد که: مرا با تو نسبتی نیست! من هیچ کس تو نیستم!

و بعد رعشه‌های نامنظم، امواجی که نمی‌دانستم از کجا می‌آیند، مرا در بر گرفتند.

او چیزهایی خواند و در سویی از من به امانت نهاد: بذرهایی متضاد، حرف‌هایی مترادف، قرآنی نازل نشده و توراتی نانوشته!...

در آخر گفت: من دوست توام!

گفتم: دوستی یعنی چه؟

گفت: تو را یاد می‌کنم!

گفتم: این دردی از من دوا نمی‌کند.

ابله بودم.

چه می‌دانستم که او آمدنش، بودنش، یادش، جنگش، صلحش، مخزن درد است؛ از برای درد آمده بود، نه برای دوا.

هر کسی هزار شادی دهد مرا، به یک درد او نمی‌ارزد.

دردی که مرا از چهره‌ی انسانی رهانید.

دیگر نمی‌توانم مثل انسان‌ها زندگی کنم!

از من هیچ نمانده جز لکه‌های غرور، پراکنده در آبی آسمان تابستانی...

۷۲

سفر در این خطه دیگر صلاح نیست.
باید باهوش باشی و از خود کاملاً مراقبت کنی؛
زیرا آن‌ها تو را به سوی خود جلب می‌کنند،
سپس کاملاً به تو می‌پردازند و آن‌گاه تو را پاره پاره می‌کنند!
آری! آدم‌های پُرشور همیشه بی‌عقل هستند.

۷۳

ای جامه بر سر کشیده!

معنا عالم اضطرار است و عالم ظاهر در پی قرار.

سر در یکی و تن در یکی داشتن، آدمی را متلاشی می‌کند:

یکی به شرق نور و دیگری به غرب کور متعلق است.

باید بالاتر نشست تا شرق و غرب و شش جهت را یکی دید.

بر آنان که اضطراب مستولی است، صبر را هدیه
کنید!

۷۴

سخاوت غم مبادله می‌شود در برابر امساک معشوق.
ضرباتی جانکاه، وقایعی کشدار.
در پایان اما بی‌حد،
پرقدرت و پروجد!
من در آن کوچه‌ی آشنا دوباره می‌رفتم:
میلیون‌ها نگاه منتظر
و بی‌توجه به دل‌ربایی‌ها عبور کردم...

۷۵

تمکین نکند که جام دگری گیرد.

اما رطل معنا گران است.

دهان بسته و دندان‌ها به هم می‌فشارد که دیگر نمی‌خورم.

عن‌قریب قی خواهد کرد بر دامن خویش.

این خوان گسترده و این شراب آماده را هر کسی به توان خود می‌خورد.

برخی نیز نمی‌خورند.

حرامش می‌پندارند.

۷۶

نه چنان ام که پنداری و نه آن‌چنان که انگاری: به‌ظاهر ملون، در باطن متحد!

گاهی به زاری و گاهی زر ناب، گاهی کوه و سکون و گاه بادی بی‌تاب.

ای بسا زَرِّ سیه کرده به دود
تا رَهَد از دست هر دزدی حسود
ای بسا مس زَر اَنْدوده به زَر
تا فروشد آن به عقل مختصر
ما که باطن‌بین جمله‌یْ کشوریم
دل ببینیم و به ظاهر ننگریم

۷۷

اسم اعظم الف است؛
اما عصای موسی در دستان تو اژدها نمی‌شود.
در دستان دیگری، ذکر الفی شاید موسی و عصا را یک‌جا ببلعد!
کلمات را نیرویی هست.
اما کلمات مخلوق دمندگانی هستند که هرچه هست، از ایشان جان می‌گیرد.
آن دمندگان به دایره‌هایی متصل اند و آن دایره‌ها ریشه در معنا دارند و معنا شگفت‌انگیز و بی‌توصیف است.

۷۸

بازی میان بازوان تو

و غلظت کلماتی که به نرمی در گوش تو نجوا می‌کنم

و گستاخی سرانگشتانی که عالم وجود را می‌کاوند نوازش‌کنان

تا تو به حرف آیی

به نوایی که ناله‌ی نی در وصلت حاصل از فراق، در شورش رسوای اشتیاق،

می‌خواهد بخواند

اما در گلو نایی باقی می‌ماند و آهی می‌شود آرام

و می‌رود تا عرش خدایان را بسوزاند.

بوسه چیدن از لبان برگ

و استنشاق مرگ با رعشه‌های مدام،

در نور عرش سوخته‌ی خدایان نابکار

و ماندن پای کار تا خدا شدن،

آه شدن، هیچ شدن، یکی شدن...

آه و آه و آه!

لب‌هایت کجاست؟!

۷۹

آتش می‌خواهی؟ بگو بنویس!

خدایان خفته‌ی افراط را بیدار می‌کنم:

در جنون، حریص و وحشی؛ که هرچه زنجیر است، بگسلند و گرفتار تار موی تو شوند!

بگو تا نفس بکشم، خلق بکر کنم، گُر بگیرم، شعله شوم، در پیچم، بچرخم تا آسمان‌های نرفته، تا افسانه‌های نگفته!

نگو حتی! اشاره کن تا آبشارها فرو ریزند، کوه‌ها عصیان کنند، اشاره کن تا صبوری سنگ‌ها ترک بردارد!

آوخ! که تمنایی نیست...

۸۰

دلیر بودن

و در اژدهایی در پیچیدن

و فشردن و فشردن و فشردن و دندان به گردن او فرو کردن

و در لحظه آخر سنگ شدن، تندیس دلیری شدن.

و اما جماعتی غافل؛ که تو لب بر گلوی پریزادی بُرده‌ای و در آغوش او در تقلایی!

و خلایق کور اند که خواسته‌ای در آن حال بمانی.

حاسدان ندانند و بدانی که جانت در جانی گره خورده و تندیسی شده در دروازه‌ی شهر.

بگذار شاعران به جست و خیز آهوان دل بسته باشند و ما به همبستری با گرگان آدمخوار!

۸۱

مریم آبستن مسیح شد و من آبستن خودم.

مسیح از او زاده شده یک‌بار؛

و من از خودم زاده می‌شوم پی در پی و ممتد.

و هر بار در پایان مصلوب می‌شوم به اشاره‌ی دارها.

و دوباره برمی‌گردم و هر بار قیامتی برپا می‌شود.

هیچ گوش و چشم و فهمی ادراک نخواهد کرد که بر مریمان و مسیحان عالم چه گذشته است.

تقلای من برای شرح ماجرا بیهوده است.

۸۲

خدایان ما را از پای آویخته و صورت‌های ما رو به زمین معلق مانده بود.
شغال‌های هرزه به صورت ما لب می‌زدند و دندان می‌کشیدند.
جان داشتیم و زنده زنده دریده می‌شدیم!
پوزه‌های کثیف شیاطین بود و خون مطهر ما و نام خدایان دروغین و
محنت آدمی به قدمت تاریخ!
سوگند که با خون همان خدایان پوزه‌های این شغالان غسل خواهد دید!
ما زندگان جاویدان هستیم. اجساد معلق نیستیم.
منصوران‌ایم که دارها از ما سربلند می‌شوند.

۸۳

شایسته است آیا که خویشتن را آزار دهم که مباد که ناخواسته پای بر موری نهم!؟

یا آنکه به لحظه‌ای رسوم جهان بر هم زنم و راه خود پیش برم؟

در این میانه گم می‌شوم تا دوباره شب فرا رسد و در سکوت خود را پیدا کنم.

زیر لب دنیا را می‌گویم که آزمودن طاقت ما بیهوده است.

کافی‌ست بخواهم تا بشود!

دنیا بدان!

آزمودن طاقت ما خطاست.

۸۴

پس نیل را به آتش کشیدند شب هنگام.

و مرا اوج دادند تا شاهد ماجرا باشم از بالا.

و ببینم بیداد آتش را در رگ و ریشه‌ی نیل.

پیش از این ماجرا کنار نیل بودیم.

گفتند نیل در خود جمع است. سلوک نیل بستر یگانه‌ی آن است.

پرسیدم: پس چگونه همه بهره می‌برند از نیل و نیل هدر نمی‌شود؟

چگونه این انرژی و اقتدار انباشت می‌شود؟

در برابر ما آتشی روشن بود. هر دو مرد برخاستند و در آتش شدند. مرا نیز دعوت کردند به طعنه، و من نرفتم.

بیرون که آمدند، گفتند: ما از آتش ایم؛ آتش ما را نمی‌سوزاند!

پس گفتند: نیل هم از آتش است. به هر سمتی که بچرخد، می‌سوزاند، هدر نمی‌شود، افزون می‌شود.

گفتند: ما نیز به جان هر که رسیم، هدر نمی‌شویم. او نیز شعله می‌گیرد از ما و آتش می‌شود.

گفتند: هر کس به ما زند، گویی به نیل زده است. گویی پروانه‌ای به آتش زند، کار تمام است.

پس خود را به نیل زدند. نیل آتش شد. مرا به آسمان بردند تا شاهد ماجرا باشم.

هر جا نیل رفته بود، آتش شد.

چیزی از آتش نیل هدر نمی‌شد؛

۸۵

هر جا خزیده بود، آتش افزون شده بود.
بدان که سالکان واصل اقیانوس آتش اند!
نه خاموش، نه هدر می‌شوند.
هدر آن می‌شود که جویباری مغرور است:
پدید آمده از رگباری بهاری!
پروانه‌ای به آتشی پهلو می‌زند به قصدی؛
و حوضی به دریا پهلو می‌زند به قصدی...
این کجا و آن کجا!؟

عظمت اقیانوس، بزرگی یک نهنگ تنها را ادراک نمی‌کند.
اما فریادهای یک نهنگ تنها، ممکن است گستره‌ی وسیعی از اقیانوس را درنوردد.
باز هم اقیانوس آن را به هیچ می‌انگارد، تا وقتی که کسی آن را نشنیده است.
من نیز در لایتنهایی آگاهی فریاد می‌زنم.
در بی‌کران یک اقیانوس، کسی مرا نشنیده است.
من برخی را شنیده‌ام.
برخی که جای آن‌ها را نمی‌یابم.
برخی که کسی آن‌ها را نیز نمی‌شنود.

۸۷

من سپید پوشیده بودم.

مردمان همه مشاعره می‌کردند در شهر بی‌شاعر.

سنگر به سنگر لب‌هایم را می‌دوختم تا سکوتم را بشنوی!

فقط سکوت است که در هیاهو رساست.

کافی بود همین را بدانی تا رستگار شویم.

هر پنجره‌ی ناگفته را باز می‌کنم، هزار پنجره پدیدار می‌شود.

سنگر به سنگر لب‌هایم دوخته می‌شود.

۸۸

پیرانه تن به رقص می‌برم.

ژولیده صورت و کهنه لباس خویش را.

چرخی چنان میانه‌ی میدان زنم تا فرصت لغزش نیابد اشک غمین من.

آرم به سجده خدای را تا ابد؛

تا توبه‌ها کند ز خلقت نامراد خویش!

من رازهای خدای خفته را با رقص خویش به تصویر می‌کشم.

بت‌ها مرا به آغوش می‌کشند؛

باران زمین را خیس می‌کند.

۸۹

بتم مشو! اگر شدی، به دست من تبر بده!

به ابرهیم قصه‌ات، خدای قوچ‌سر بده!

چو تیغِ تیز بر گلو، به مریمان باکره، مسیح بی‌پدر بده!

عصای دست موسی‌ام،

به مارهایِ گیسوان، به ساحرانِ چشم خود، امان بده! حذر بده!

به رودِ واقعه ببر! رفیقِ خضرِ زنده را. سبد سبد بزن به نیل، خونِ مرا هدر بده!

ببر به باغِ آتشی، خلیل و جانِ تشنه را! بخوان به ربِ آفلین، به شعله‌ها شرر بده!

بکش مرا بدین فراق، به یعقوبانِ انتظار، به تکه رختِ کهنه‌ای، نشانی از پسر بده!

ببر به چاهِ یوسفان، به کاروان، به بردگان، پریوشان و بی‌غشان، عزیز مصر را خبر بده!

مرا به خلوتی ببر؛ امان به پیرهن مده!

چو شکوه کرد حاسدی،

ترنج و تیغِ تیز را به‌دست بی‌هنر بده!

۹۰

پر از زیبایی ام
پر از گناهان نبخشوده
پر از هیچ و تنهایی
هر روز خدایان به من سجده می‌کنند!

۹۱

پیامبران آغشته به خون
خون در مشت چنگیز مغول
چشمان محمد به صلیب مسیح
یا ابراهیم امام
لا احب الظالمین!
افعی موسی تا ذوالفقار علی
لا اکراه فی هنا
سیلاب نوح برده افکار مرا
پسر یعقوب را به زلیخا بدهید
ترنج و تیغ تیز خدای رئوف
دریده پیرهن صبر ایوب مرا
دین‌پریشی خدایان بزرگ
بندگان قادر متعال
جهش ادراک در نبوغ بشر
باد پنجره را بست
و
نشد
خوب به قلبم بپردازم...

۹۲

دیشب به خدا سرزدم؛ در آغوش شیخی بود!
آه! ای خدای خراب!
چه کنم با تو؟!

۹۳

روزی به روستایی در کوهستان رفتم. دور بود و ساده و زیبا.
خانه‌هایی کوچک با روح‌های بزرگ!
خانه‌هایی یک‌طبقه، یک‌دست و شبیه به هم.
در یکی از این خانه‌ها از پله‌هایی که نبود، بالا رفتم. در طبقه پنجم، پله‌ها به اتاقی ختم می‌شدند که نبود.
اتاق در نداشت. پشت دیوار زنی زندگی می‌کرد، در رؤیایی که نبود.
من هزاران سال است با او مانده‌ام؛
نه می‌خوابیم، نه حرف می‌زنیم، نه هیچ!
حال‌مان مثل این دنیا نیست؛
پشت دیوار دنیا همه چیز جور دیگری است...

۹۴

آن‌گاه که بت‌پرستی می‌کنم،

مرا سه خدای هست:

کلاه از سر بر می‌دارم در برابر شکوه اندوه به لحظه‌ی غلطیدن اشک در چشم.

زانو می‌زنم خدای عشق را در لحظه‌های از خود گذشتن.

و به خاک می‌افتم شکوه انسان بودن را هر گاه به حریم وجودی انسان نظاره می‌کنم.

۹۵

هان! تو را اگر قفس تنگ است، پیرهن چاک کن!

دام و دانه یکی است و قفس وامدار دانه است.

میله اگر نمی‌شکند، سینه را چاک کن!

بشکن قفسه‌ی سینه را، شیار کن.

بذر عشق بپاش، جانش بده؛ جوانه بزند، از لای میله‌ها عبور خواهد کرد.

قفس در تو حل خواهد شد،

حلال خواهد شد، زلال خواهد شد.

ریشه‌های آن بذر را چنان در آغوش خواهند گرفت تا قامت آن‌ها مقاوم شوند.

آن‌گاه که مستحکم شدند، قفس مستهلک خواهد شد.

غرامت بدادم عمر را که عشق از گرو به‌درآید.
چه شیرین معامله‌ای! چه غمگین تجربه‌ای!
چیزی برای گفتن نیست؛ هر تلاشی برای بیان کردن، همه چیز را می‌برد.
گویی هیچ چیز نیست!
این مفاهیم هرگز زاده نخواهند شد:
یک اغمای خوشایند، یک موسیقی مست، یک رقص بی‌سر، جهش‌هایی به ابدیت، آوار آگاهی، تداخل معنی در ماده، مجادله با افسون...
کجا ملاقات کرده‌ام!؟
با که!؟
ضربان، ضربان و همه چیز نامعلوم، نامعقول، ناب.

۹۷

پس ابتدا خود را شناختیم؛ گرفتار خود شدیم.

نفس غلبه کرد؛ بر خود کافر شدیم.

نفس را به مسلخ فرستادیم. به راه دل رفتیم.

سخت دیوانه بود دل، سخت؛ گرفتار زنجیر نمی‌شد.

در سومین قدم، روح از راه رسید: سلطان بی‌چون‌وچرایی از عالم معنا.

نفس، نفس نمی‌کشید. پای دل در گِل فرو رفت.

۹۸

آنچه قطعی است، کفر است؛ ایمان نقطه‌ی لرزیدن است، به لحظه‌ای افتادن؛ دگرگون شدن؛ زیر و زبر شدن.

آنان که دانسته‌اند، نعل وارونه زدند.

ایمان و کفر و ریا و نفاق تنها آن کرده‌اند در قامت کلمات، که امروز مشهود ماست:

رهروان مسلمانی، کافر شده‌اند و من نفاق را پیشه خود کرده‌ام در راهی دگر.

۹۹

چنان بی‌گناه ام که آتشی مرا نمی‌سوزاند.

شیاطین اما همواره سیاوش را در آتش می‌خواهند.

این عبور ممتد از شعله‌ها اما مشغول هیچ ام کرده است.

گرفتار هیچ شده‌ام!

دیر نیست که عصیان کنم و گنهکار شوم.

دیر نیست که این جهنم مدام را گلستان ابدی کنم.

مقیم جایی خواهم شد که دست شیاطین کوتاه، دست خدایان کوتاه، و دور از چشم مردمان باشد.

۱۰۰

من آن دیگری ام؛ آن‌که خدایان دروغین برای او دام گستردند و
وعده‌هایی دروغین دادند.
من رهزن راه خدایان نیستم؛ صیاد خدایان ام.
من سمت دیگر موسیقی، سمت دیگر سکوت ام.
من از سمت دیگر ام؛ سمتی که بلوغ شفاف‌تر و عشق آبی‌تر است.

۱۰۱

جهان مملو از فرومایگانی است در تار عنکبوت اجل بنشسته، که به هر حرکتی گرفتار و در خیال خود سلطان جهان اند.

چون سر از این غفلت بیرون کنند، کهکشان‌ها پیش روی آن‌هاست بی‌سلطان. و فتح آن‌ها میسر نیست از خردی دانه‌ی ارزنی که بشر در آن لانه کرده است.

شاید که در کنج خلوتی بنشینند و کهکشانی سلطان ایشان شود؛ ایشان را با خود بچرخاند. ای بسا که از لولیدن بیهوده خلاصی یابند.

۱۰۲

آه از خواب‌ها!

خواب‌هایی که به حقیقت نزدیک‌تر اند.

و من زیستن در آن‌ها را نوشیده‌ام.

من اندوه زمانه را در خلوت خواب‌ها شسته‌ام.

و از درون خواب‌های خودم رسته‌ام.

جوانه زده‌ام.

حیرانی را متجلی کردم؛

در بازوان عشق‌هایی نامعلوم، ناپیدا، و جاودان...

عشق‌هایی که به‌سان خدایان ناپیدا،

و به‌سان خدایان قدرتمند بوده‌اند.

۱۰۳

چون ابرو بنمود، نخواه که بیشتر بینی؛ بیچاره می‌کند تو را!
قناعت کن به ابرویی که بیش از آن از جان ما فزون است.
طاقت نمی‌آوریم؛ همه چیز از دست می‌رود.
من هزار بار آزمودم؛ ویرانی به بار آمد.
نور از روزنی هم بتابد ، همان نور است. تمام و کمال.

۱۰۴

پس آن مرغ پای در بند جهدی می‌کرد، گرفتارتر می‌شد!
پس او را هجرت دادیم؛ مرغی مهاجر شد!
از دام بر بام و هنوز دل در گرو دانه داشت...

۱۰۵

شبی شاه مستان بر گدایی متظاهر به مستی گذشت.

مست او را دشنام داد.پس شاه او را خلعتی داد از زبان او، که شاه مستان شدن جز گدایی دل‌ها نیست.

مدام او را گفت: بگو تا درد گدایی به گفتار خویش درمان کند!

"گر تو خواهی آتش آب خوش شود

ور نخواهی آب هم آتش شود"

بچرخانم! بچرخانم!
بیندازم! بیندازم!
کجا اندازی ام آخر
که آن‌جا خود نباشی تو؟
محمد می‌گفت:
ما از خداییم؛ به سوی خدا می‌رویم!
گفتم:
ما در کدامین سو هستیم مگر؛ که خدایت آن‌جا نیست؟
گفت:
تو چه می‌گویی؟
گفتم:
اگر از آن خدا باشم، حی القیوم باشم، پیامبری نخواهم!

۱۰۷

صخره عشق را درنوردیده و هزاران بار افتاده و برخیزیده، می‌گفت:

طنابت را رها کن صخره‌نورد!

دست‌ها را نیز پرواز بیاموز!

نه!

شناور شو!

شناور شو!

تنها، روی بادهایی که ندانی به کدام سو می‌روند!

۱۰۸

تو دلخوش به آبادانی خویش می‌شوی؛
غافل که گنج در ویرانه‌ی ماست.
غم و شادی جهان هرچه باشد، بر حزن درونی ما بی‌اثر است.
ما این حزن درونی به شادی عالمیان نفروشیم.
چه کسی از ما شادتر در این ارتفاع محزون!؟
رقیبی نیست؛ رقابتی نیست.
یاری نیست؛ قراری نیست.
شادمان از محزونی خویش‌ایم.

۱۰۹

معشوق چشم به در دارد و عاشق جان به کف!
ما را چه نام است که جان در کف، چشم به در مانده‌ایم!؟
ما رسوایان ناشناس ایم.
گنهکاران بی‌گناه!
خدایان بت‌پرست!
ما نیستانِ هست، ما خمارانِ مدام مست ایم
!

۱۱۰

شیوه‌ی دلبری را کجا می‌آموزند ایشان که چنان زبردست اند در خون‌ریزی!؟

حد وفا کجاست که بی‌وفایی این‌چنین بی‌حد و مرز است!؟

چه هاست در این دل که در غارت آن به آب و آتش می‌زنند!؟

چه می‌خواهند خدایان از عاشقان!؟

چه می‌دهند که جان‌ها در کف دست‌ها همه آماده به صف می‌شوند؟

چه دیدن است که اشک‌ها امان نمی‌دهند.

امان می‌رود و در ناامنی محض، برترین حس آرامش آغوش می‌گشاید!؟

خراب ام من!

از من که پاسخی نخواهید شنید.

۱۱۱

از پیامبران بی‌کتاب‌ام.
وعده عذابی نخواهم سرود.
با گنهکاران بی‌حساب‌ام.
پیام من شنیدنی نیست؛ نوشیدنی است، سکرآور است.
به جرعه‌ای خرابت می‌کند، نابت می‌کند، گناهکارت می‌کند.
من رسول امت گناهکاران‌ام!
پیامبران را تعمید تفرق دادم.
بی‌آنکه بدانند گناهکارشان کردم تا خلقی را خراب کنند:
خراب و خراب و خراب!
رسول خرابان‌ام، رو به قبله‌ی خرابات، در نمازِ چشیدن، کمر بسته‌ی
مستی، جهادم رساندن لبی به شیشه است!
ای عاقلان مستی کنید تا رستگار شوید!

دو مرد را ملاقات کردم.

آن‌ها میانسال، تنومند و خاص بودند. موهای بلند و اندام کشیده داشتند. چوب‌دستی نسبتاً بلند و محکم در دست داشتند.

من به آن‌ها آب دادم و آن‌ها پیش من نشستند و مسیر بودش من در کائنات را تغییر دادند.

من نوجوانی بالغ بودم که در جنوب صحرای سینا چوپانی می‌کردم. چوپان بودم ۳۶۲۳ سال قبل. و آن‌ها مرا خدا کردند.

به من گفتند که افعی هستم. گفتند: باید از انسان‌ها دوری کنم و در مواجهه‌ی ناخواسته با ایشان بی‌رحم باشم.

آن‌ها به من گفتند که به روشی خاص چیزهایی به من خواهند آموخت. گفتند که هیبت انسانی من قادر به درک این آموخته‌ها نیست.

آن‌ها به من گفتند که آنچه خواهم آموخت، مناسب آن مکان نیست.

یکی از آن‌ها چوب‌دست خود را بین دو کتفم قرار داد و من را روی زمین خوابانید. نفر دوم با مشت ضربه‌ای آرام به همان نقطه وارد کرد؛ از هوش رفتم. به من گفتند که به آن‌ها پیوند خورده‌ام.

گفتند مرتب مرا خواهند دید.

آن‌ها به من گفتند که باید از من حفاظت کنند. آن‌ها به من گفتند جسم من اهمیت ندارد.

پس از این گفت‌وگو آن‌ها مرا سر بریدند!

۱۱۳

آن دو مرد به من ستاره‌ای را نشان دادند،

گفتند زمین است!

در میان انبوه ستارگان، یک نقطه کوچک و کم‌نور بود.

به من گفتند:

با آن نقطه کوچک مهربان باش!

خندیدند.و به من گفتند:

با آن نقطه کوچک بی‌رحم باش!

خندیدند و به من گفتند:

با آن نقطه کوچک هرچه می‌خواهی باش؛

اما مغرور نباش که حتی آن نور اندک او، از آنِ خودش نیست.

صد سال بعد از آن ماجرا زیبارویی در بلندی‌های تبت مرا نامهربان خطاب

کرد.

نامهربان یعنی چه!؟

نمی‌دانستم.

۱۱۴

بر جماعتی گذشتم پیراهن دریده و بدن‌ها خونین؛

چنان‌که گویی گرگی در میان ایشان چریده بود.

بر تیمار ایشان کوشیده و بر زخم‌هاشان مرهم کشیدم

و دیدم چنان در من می‌نگرند که گویی گرگی در پس چشمان ایشان مترصد خون‌ریزی است.

شاهد شدم که چگونه خود را می‌خراشند و بر خود زخم زدن، عادت ایشان شده بود.

چه متکثر اند این جماعت در عالم!

۱۱۵

در جایی دور و پرت و نامعلوم
گنجشکی گمنام
لانه‌ای می‌سازد
و خنجری از بغض در پهلوی خدا فرو رفته است!

۱۱۶

محبوبم
در حسرت لب‌های تو
برهنه و تنها
در بستر خویش خفته‌ام
برهنه
آن‌چنان که از مادر زاده شدم
و تنها
آن‌چنان که شبی در گورستانی رهایم خواهند کرد
محبوبم
این است بستر دنیا
برهنه و تنها
در ابتدا و میانه و انتها

۱۱۷

«ما» اگر به معراج نرسد در این خط معلّی،
چه حاجت به کتابت؟
و اگر به معراج رسد،
چه ماند تا در نگارش آید؟

۱۱۸

کتاب‌ها گورهای دسته‌جمعی کلمات اند.
مرا با مردگان کاری نیست!
رسولان وحی، پرندگان را می‌گویم؛از آنان بشنوید!
اگر از شهر شما کوچیده‌اند، ای وای شما!ای وای شما!

۱۱۹

به سمت قلم دست می‌برم.
به سجده می‌آید که خداوندگارا به جنونم کشیده‌ای!
من از جنون خود بر کجا سجده کنم!؟
کسی را بر این زنجیر من اعتماد نیست.
زنجیر کجا می‌تواند کلمات را به بند کشد!؟

"بر آتش تو نشستیم و دود شوق برآمد
تو ساعتی ننشستی که آتشی بنشانی
چو پیش خاطرم آید خیال صورت خوبت
ندانمت که چه گویم ز اختلاف معانی "
(سعدی)

۱۲۰

مفروش یوسفم را
به گناه خوب‌رویی
خضر زنده‌ی قرون ام
که بگردی و نجویی
کشتی نوح ندارم
به سبد در آب نیل ام
نه سزد که موسی‌ام را
تو ز عمق بحر گویی

۱۲۱

هر وقت بیایی در این خانه گشاده است
فرزین دلم پیش تو در حکم پیاده است
آن دم که رخ ماه نهان کردی و رفتی
جبرئیل به من گفت که این عشوه نشانه است
اسب سیه و شاه سفید و دو سه سرباز
مقصود تویی گر نه که این کیش بهانه است
بازی به سرانجام رسد یا نرسد، باک نباشد
چشمم به حریفی ست که در دهر یگانه است

۱۲۲

باز آن سمند سرکش جهیدن آغاز کرده است.

کلمات نفس بریده‌اند،

به ما نمی‌رسند؛

لاجرم یا باید سکوت کنیم یا آن‌ها را که مانده‌اند، به شطح کشیم.

برای آن‌کس که اهل معناست، این کلمات غنیمت‌اند؛

باشد که تیر در جگر معنا نشنید در این مغلوبه‌ی حال و مقال.

۱۲۳

می‌توان به نیش دشنه‌ای گذشت.
از تمامِ های و هوی پوچ این جهان.
می‌توان نشست در میان قفس،
میله‌ها را شمرد:
بازوان عاشقان و دوستان بی‌مایه را!!

هرکه هر جا برقصد بی‌بهانه
هرکه هر جا بخواند بی‌بهانه
یاد تو می‌کنم رفیق!
در حسرت آنکه فرصت رقصیدن نبود
فرصت خواندن نبود
آه!
مستی امان ما را بریده بود
در آغوش هم می‌لولیدیم
لب‌ها، سرانگشتان گستاخ، مجال خواندن، فرصت رقصیدن نمی‌دادند.
عجیب دیوانگی کردیم
و در حسرت یک رقص هنوز خماران روزگاران ایم!

۱۲۵

بهار است و گلرخان جوانه زدند؛
بت‌پرست شدم
خزان شد و انگورها نرسیده، مست شدم
میان مستی و بت‌پرستی مردد ام
خلقی بر این گمان که خداپرست شدم!

۱۲۶

من با تو بودم.
از آنِ تو بودم.
سازی به دستم بود؛
به نواختن آن شادمان بودم.
تو تمام مرا می‌خواستی.
مرا غارت کردی.
ساز مرا نیز گرفتی.
تمام مرا می‌خواستی.
تمام من، بدون آن ساز ناتمام است.

۱۲۷

خمر از آسمان آوردم در خرابات زمینیان.
نه کسی رفیق ما شد،
نه کسی رقیب.
تنهایی را به سور نشسته‌ام.
به آسمان برخواهم گشت:
مستانه،
مجنون و تردست و تنها

۱۲۸

بگرد این شهر را هر روز

به انسان بر نخواهی خورد

پر از اشباح سرگردان

به زیر پیرهن خنجر

گشاده دست تا آغوش بگشایی

به لب گلخنده‌های تلخ

به سرخی گونه‌ها رنگین، ولی مرده

دهان‌ها تلخ، بدبو

چشم‌های بی‌رمق، بی‌سو

گریزان سایه‌ها در کوچه‌های سرد

شهر در دست شیاطین است

۱۲۹

من چای می‌نوشم،
تو به آغوش یار می‌اندیشی...
آه! ای اندیشه
دکمه خاموش تو کجاست؟!
تا لذت نوشیدن یک چای را تلف
نکنی.

۱۳۰

گفت: درویشان به خانقاه می‌چرخند؛
چنان‌که حاجی به گرد کعبه می‌چرخد
و پروانه به گرد شمع.
گفتم: بنشین که زمان را بچرخانیم؛ اینک که ما نشسته‌ایم و خدایان به
گرد ما می‌چرخند...

۱۳۱

ساعاتی از نیمه‌شب گذشته است.
باران باریده است
برهنه نشسته‌ام در پنجره رو به جنگل.
خنکای نسیم شبانگاهی با عطر باران از لابه‌لای درختان می‌آید و موهای مرا می‌رقصاند و میان آن‌ها گم می‌شود.
عشق‌بازی می‌کند باد با موهایم، من با شب، و شب با درختان، و درختان با باد.
گاهی قطره‌ای باران.
و صدایی آرام که در گوشم می‌خواند:
«چون همسفر عشق شدی، مرد سفر باش»!

۱۳۲

یادداشت